MARTIN BASTKOWSKI
NIKOLAS GROTE
MONA RAMKE

SEKUNDARSTUFE II

¡Hablemos!

Sprechaktivierung garantiert

Spanischunterricht Klasse 11–13

Cornelsen

Projektleitung: Dorothee Weylandt, Berlin
Redaktion: Louisa Pabst, Glienicke
Muttersprachliche Korrektur: Ana Tipa, Berlin
Umschlagkonzept und -gestaltung: Corinna Babylon, Berlin
Umschlagfotos: shutterstock/Gabrielle Ewart, shutterstock/whiteisthecolor, shutterstock/Atlaspix
Layout: fotosatz griesheim GmbH
Technische Umsetzung: Reemers Publishing Services GmbH, Krefeld

www.cornelsen.de

1. Auflage 2023

Druck: H. Heenemann, Berlin

ISBN 978-3-589-16901-6

ZIEL

Anhand von 17 kommunikativen, relevanten und schülernahen Aktivitäten verbessern die Schüler/-innen selbstständig ihre Sprechkompetenz in Form variierender Sprechaufgaben.

Das *¡Hablemos!*-Heft für die Klassen 11–13 bietet eine große Palette an Aufgabenformaten und Themenstellungen. Ganz bewusst wiederholen sich hierbei verschiedene thematische Bausteine in unterschiedlichen Szenarien, damit das Erlernte immer wieder neu angewendet werden kann.

Folgende Aktivitäten sind in diesem *¡Hablemos!*-Heft enthalten:

¡Hablemos! – curso 11–13

Nr.	Actividad	Objetivo
1.	Ángel y demonio	Puedo argumentar a favor y en contra
2.	Fichas de preguntas	Puedo hacer preguntas y responderlas
3.	Fichas temáticas	Puedo hacer preguntas sobre distintos temas y responderlas
4.	Nubes de palabras	Puedo presentar diferentes temas y debatir sobre esos temas
5.	Trabajo, trabajo, trabajo	Puedo describir distintas profesiones
6.	¡Eso lo dije yo!	Puedo debatir sobre diversas citas
7.	Un finde fantástico	Puedo planear un viaje con mi compañero/-a
8.	Verdades y mentiras	Puedo contar y escuchar una historia
9.	Un grano no hace granero, pero ayuda al compañero	Puedo hablar acerca de cómo mejorar el mundo
10.	¿Puedes inventar una historia como ésta?	Puedo contar historias

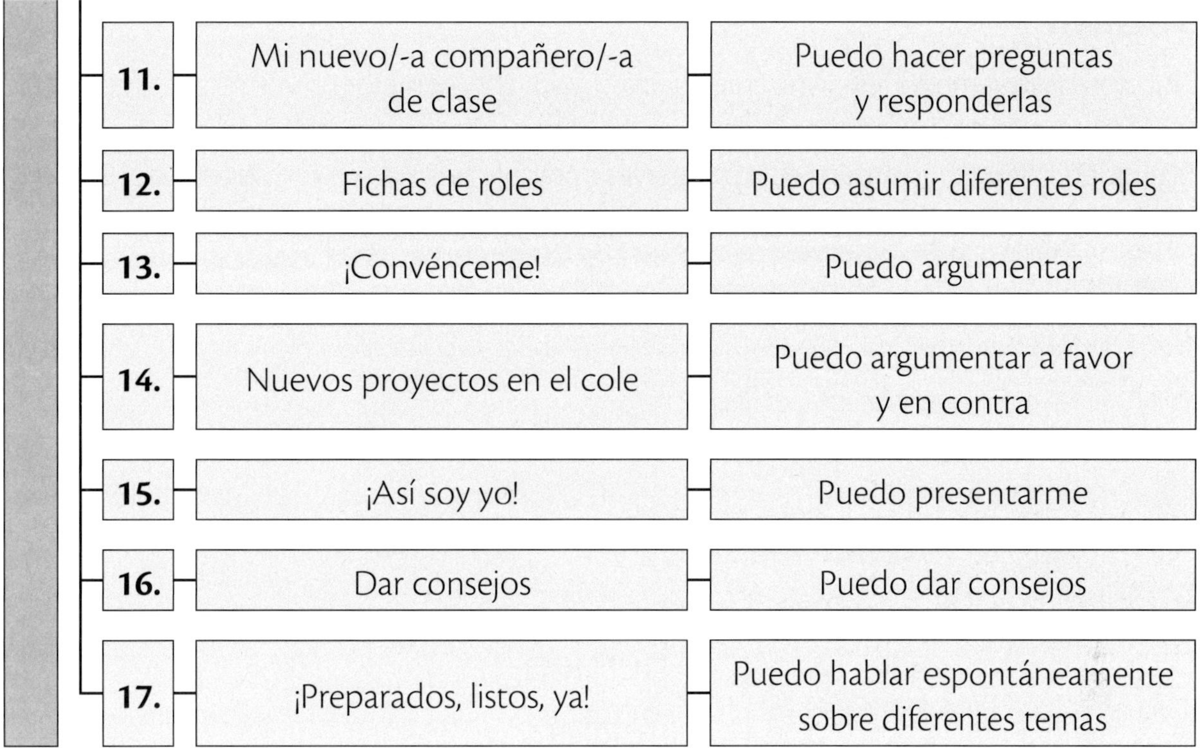

11.	Mi nuevo/-a compañero/-a de clase	Puedo hacer preguntas y responderlas
12.	Fichas de roles	Puedo asumir diferentes roles
13.	¡Convénceme!	Puedo argumentar
14.	Nuevos proyectos en el cole	Puedo argumentar a favor y en contra
15.	¡Así soy yo!	Puedo presentarme
16.	Dar consejos	Puedo dar consejos
17.	¡Preparados, listos, ya!	Puedo hablar espontáneamente sobre diferentes temas

Einsatz

Der Einsatz des *¡Hablemos!*-Heftes eignet sich insbesondere zu Beginn der Unterrichtsstunde, um eine gezielte Einsprachigkeit zu initiieren und die Lerngruppe für Gespräche in der Fremdsprache zu motivieren und aufzuwärmen. Um Einseitigkeit zu vermeiden, sollte die Verwendung nicht in jeder Stunde stattfinden. Zusätzlich kann das Heft als kleiner Energizer zwischendurch eingesetzt werden oder wenn am Ende der Stunde noch etwas Zeit übrig ist.

Potenziale

Die Verwendung des *¡Hablemos!*-Heftes bietet viele Potenziale für den Spanischunterricht, u. a.:

- parallele Einbeziehung aller Schüler/-innen der Lerngruppe in den Lernprozess
- Aufbau der Sprechkompetenz sowie des Hörverstehens
- selbstständige und lehrerunabhängige Durchführung der Übungen
- Möglichkeit der gezielten Beobachtung der Lernenden
- kommunikative Anwendung des Wortschatzes und verschiedener grammatischer Phänomene durch lenkende Vorgaben
- Übungen in Anlehnung an Vorgaben von Sprechprüfungen
- Motivation der Schüler/-innen, sich in der Fremdsprache kommunikativ über schülernahe Themen auszutauschen.

Themen

Mit dem *¡Hablemos!*-Heft wird eine Vielzahl von Themenfeldern vernetzt aufgegriffen. Die Themenfelder verlangen eine aktive Auseinandersetzung, stellen authentische Szenarien dar und erfordern ein diskursives sprachliches Umsetzen seitens der Lernenden.

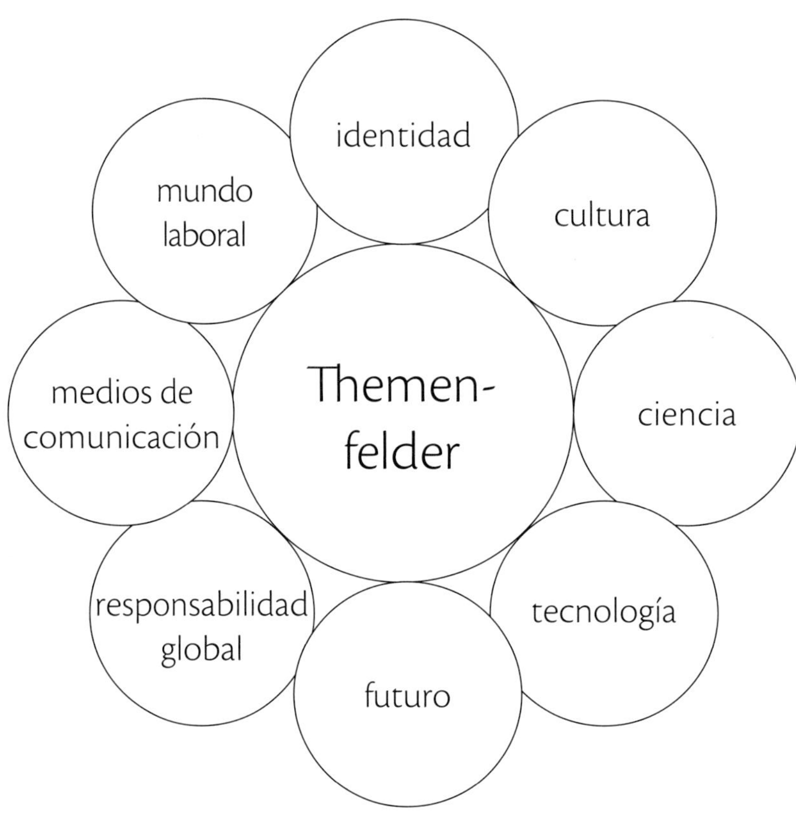

Sprech- und Lernstrategien in der Sekundarstufe II

Zielsetzung des sprachlichen Handelns ist in verschiedenen Alltagsszenarien situations- und adressengerecht agieren zu können. Um dies erfolgreich realisieren zu können, bedarf es verschiedener Kompensations- und Gesprächsstrategien.

Zunächst sollten die Lernenden in Sprechakten grundsätzlich einen kommunikativen Rahmen beachten, d. h. vom Beginn einer Unterhaltung (*saludarse, presentarse, elegir un tema de conversación*) über die Weiterführung (*hacer preguntas abiertas, dar la palabra al interlocutor, evitar respuestas cortas*) bis hin zum Beenden (*agradecer y despedirse*).
In diesem Zuge ist es relevant, den Lernenden gleich zu Beginn sprachliche Mittel zur Verfügung zu stellen, die während monologischer und dialogischer Aktionsformen genutzt werden können und einen sprachlichen Akt aufrechterhalten.

Expresiones

- A ver ...
- ¡Es una pregunta/un aspecto interesante!
- Francamente ...
- Lo que quiero decir ...
- Efectivamente ...
- No he pensado acerca de eso ...
- Pues ...

Proporcionar ejemplos e ideas

- Para continuar ...
- Me lleva al siguiente punto ...
- A propósito ...
- Como ese ejemplo demuestra ...
- Pensando en eso ...
- Empecemos con ...
- Quiero añadir ...
- Tomemos en cuenta que ...
- Además ...

Llevar adelante la conversación

- ¡Es un aspecto interesante!
- ¡Cuéntame más!
- ¿De verdad?
- ¡Qué interesante!
- ¿Tienes más detalles?
- ¿Y tú, qué piensas?

Este cuaderno *¡Hablemos!*

es de:

____

CONTENIDO: ACTIVIDADES DE MI ¡HABLEMOS!

¡Hablemos! – curso 11–13

	Actividad	Objetivo
1.	Ángel y demonio	Puedo argumentar a favor y en contra
2.	Fichas de preguntas	Puedo hacer preguntas y responderlas
3.	Fichas temáticas	Puedo hacer preguntas sobre distintos temas y responderlas
4.	Nubes de palabras	Puedo presentar diferentes temas y debatir sobre esos temas
5.	Trabajo, trabajo, trabajo	Puedo describir distintas profesiones
6.	¡Eso lo dije yo!	Puedo debatir sobre diversas citas
7.	Un finde fantástico	Puedo planear un viaje con mi compañero/-a

8.	Verdades y mentiras	Puedo contar y escuchar una historia
9.	Un grano no hace granero, pero ayuda al compañero	Puedo hablar acerca de cómo mejorar el mundo
10.	¿Puedes inventar una historia como ésta?	Puedo contar historias
11.	Mi nuevo/-a compañero/-a de clase	Puedo hacer preguntas y responderlas
12.	Fichas de roles	Puedo asumir diferentes roles
13.	¡Convénceme!	Puedo argumentar
14.	Nuevos proyectos en el cole	Puedo argumentar a favor y en contra
15.	¡Así soy yo!	Puedo presentarme
16.	Dar consejos	Puedo dar consejos
17.	¡Preparados, listos, ya!	Puedo hablar espontáneamente sobre diferentes temas

Ángel y demonio

Puedo argumentar a favor y en contra

TAREA:

(1) Formad grupos de tres. Repartid los roles:

ángel	demonio	mediador

(2) Tu profesor/-a te sugiere hacer afirmaciones provocadoras sobre las que tienes que argumentar a favor y en contra dependiendo de tu papel.

ángel	• siempre estás de acuerdo con las afirmaciones
demonio	• nunca estás de acuerdo con las afirmaciones
mediador	• durante el debate, escucha y anota el mejor argumento

(3) Después del debate, el mediador decide quién es el/la ganador/-a de la «lucha» y presenta los mejores argumentos al grupo.

MATERIAL/AYUDA

ángel/demonio	mediador
• El argumento más obvio es … • Hay muchos argumentos a favor … • Lo veo igual/diferente. • Si me preguntas … • Mi punto de vista es … • En definitiva, pienso … • No estoy seguro/-a, pero yo (no) estoy de acuerdo	• Ángel y demonio han tenido una _______ discusión. • Los argumentos más convincentes fueron presentados por … • Al final _______ ha ganado el debate.

Fichas de preguntas

Puedo hacer preguntas y responderlas

TAREA:

(1) Pregunta a tu compañero/-a. Puedes elegir tres series de preguntas (2a–c).
(2) Cambiad de pareja después de cada pregunta.
(3) Añade por lo menos tres preguntas propias.

MATERIAL/AYUDA

¿Te implantarías un microchip? ¡Explica tus razones!	¿Tienes planes para después del colegio?	¿Cuál es tu programa favorito de la tele y por qué?	¿Qué significa para ti ser alemán?
Nombra tres ventajas/desventajas de los adelantos científicos.	Actualmente existen robots que ayudan a las personas discapacitadas – ¿Cuándo deja el ser humano de ser humano?	¿Cómo tendría que ser programado un coche en un accidente inevitable? ¿Salvar/matar a la gente en el coche/en la calle?	¿Qué opinas?: ¿Es el acceso a Internet un derecho humano?
¿Significará la inteligencia artificial el fin de la sociedad?	¿Debería haber comisiones encargadas de clonar a seres humanos? Explica tus razones.	Describe la última fiesta en la que estuviste.	¿Qué prefieres: hacer un picnic en el parque o ir a una fiesta? Explica tus razones.
¿Cuál es tu profesión ideal?	*Una pregunta tuya*	*Una pregunta tuya*	*Una pregunta tuya*

Fichas de preguntas

Puedo hacer preguntas y responderlas

TAREA:

(1) Pregunta a tu compañero/-a. Puedes elegir tres series de preguntas (2a–c).
(2) Cambiad de pareja después de cada pregunta.
(3) Añade por lo menos tres preguntas propias.

MATERIAL/AYUDA

¿Cuáles son tus tres destinos de viaje preferidos? ¿Por qué?	¿Qué programa de televisión has visto a menudo recientemente?	¿Qué puede hacer cada uno de nosotros para detener el cambio climático?	Si vives en el extranjero, ¿cuál es la comida que más echas de menos?
¿Cuál es tu aplicación favorita? ¿Por qué la usas?	¿Cuándo fue la última vez que leíste un periódico de papel? ¿Por qué?	Si tuvieras un deseo, ¿cuál sería?	¿Qué es lo más raro que has hecho?
¿Dirías que tus opiniones están influenciadas por los medios de comunicación? ¿Por qué sí o por qué no?	Nombra tres situaciones en las que no te agradan tus padres o hermanos.	Si tuvieras la oportunidad de viajar al extranjero, ¿qué país elegirías y por qué?	Si fueras el representante de la clase de tu colegio, ¿qué cambios harías?
¿Scone británico o donut americano? Da razones.	*Una pregunta tuya*	*Una pregunta tuya*	*Una pregunta tuya*

Puedo hacer preguntas y responderlas

TAREA:

(1) Pregunta a tu compañero/-a. Puedes elegir tres series de preguntas (2a–c).
(2) Cambiad de pareja después de cada pregunta.
(3) Añade por lo menos tres preguntas propias.

MATERIAL/AYUDA

¿Hay algo que a ti te parece normal y a otras personas les parece una locura?	¿Qué es típico en tu región de Alemania?	¿De qué manera pueden ayudar las redes sociales a las personas a expresar su opinión y a ser escuchadas?	¿Qué motivos llevan a la gente a participar en «realitys» de televisión?
Describe un fin de semana perfecto.	¿Qué piensas acerca de la globalización, es un peligro para la diversidad cultural?	¿Debería introducirse cuotas en los medios para personas de otras culturas, p.ej. invitados en un «talk show»? ¿Por qué (no)?	¿Qué aspectos son muy importantes para ti en tu futuro profesional?
Estás planeando tus próximas vacaciones. ¿Qué medio(s) de transporte vas a usar y por qué?	¿Cómo piensas que será la sociedad dentro de 30 años?	¿Qué se puede hacer para reducir el consumo de agua?	¿Qué tan alemán crees que eres?
Estados Unidos es conocido como el país donde los sueños pueden hacerse realidad. ¿Es esto aplicable a todos? ¿Por qué (no)?	*Una pregunta tuya*	*Una pregunta tuya*	*Una pregunta tuya*

Martin Bastkowski · Nikolas Grote · Mona Ramke · Hablemos Kl. 11–13

Puedo hacer preguntas y responderlas a distintos temas

TAREA:

(1) Habla con tu compañero/-a. Puedes elegir tres series de preguntas (3a–c) y toma dos fichas.
(2) Responde a las preguntas de las fichas temáticas.
(3) Cambiad de rol después de cada pregunta preguntándole a tu compañero/-a: ¿… y tú?

MATERIAL/AYUDA

IR DE COMPRAS

- ¿Cuál es tu ropa favorita? ¿Por qué?
- ¿Te consideras un/a consumidor/-a de «fast fashion» o buscas ropa sostenible? ¿Por qué?
- ¿Qué cambios serían necesarios para que la moda industrial fuera más sostenible?

LIBERTAD

- ¿Qué significa la libertad para ti?
- ¿Cuándo sientes que tu libertad se ve restringida?
- Muchos ciudadanos estadounidenses creen que deben tener la libertad de llevar armas consigo. ¿Te parece que eso es libertad? Di tus motivos.

FAMOSOS

- ¿Te has enamorado alguna vez de un famoso? ¿Quién era?
- ¿Qué piensas, las personas famosas tienen dificultades en sus relaciones amorosas o en sus matrimonios? ¿Por qué (no)?
- ¿Cuáles son los beneficios de ser famoso?
- ¿Te gustaría ser famoso/-a? ¡Di las razones!

LOS MEDIOS DE COMUNICACIÓN

- ¿Cuántas horas al día usas medios de comunicación? ¿Qué medios utilizas?
- ¿Cómo influyen los medios de comunicación en tu vida diaria?
- ¿Cuáles son las ventajas/desventajas de expresar tu opinión en las redes sociales?
- ¿Has expresado tu opinión en un debate virtual o has seguido un debate online? Si es así, ¿en cuál exactamente?

Puedo hacer preguntas y responderlas a distintos temas

TAREA:

(1) Habla con tu compañero/-a. Puedes elegir tres series de preguntas (3a–c) y toma dos fichas.
(2) Responde a las preguntas de las fichas temáticas.
(3) Cambiad de rol después de cada pregunta preguntándole a tu compañero/-a: ¿...y tú?

MATERIAL/AYUDA

TRABAJO Y EDUCACIÓN

- ¿Cuál es tu profesión de ensueño?
- ¿Qué cambios deberían hacerse en la educación para preparar mejor a los estudiantes para su vida profesional?
- ¿Qué cualificaciones serían necesarias en un mundo globalizado?
- ¿Cuál es tu opinión, es más importante ganar mucho dinero o disfrutar del trabajo?

INMIGRACIÓN

- ¿Qué aspectos multiétnicos hay en tu pueblo?
- ¿Por qué la condición de inmigrante no puede ser considerada algo neutral?
- ¿Cuáles son las ventajas de una sociedad multicultural surgida de la inmigración?
- ¿Deberían los inmigrantes tener los mismos derechos que la población nativa?

IDENTIDAD

- ¿Cómo es llamada tu generación y cuáles son sus características?
- ¿Te identificas con esa generación, o no? Da tres ejemplos.
  ¿Crees que tu identidad cambiaría estando lejos de tu entorno habitual? ¿Por qué (no)?

FUTURO

- ¿Cuáles son los inventos más importantes de los últimos 20 años y por qué?
- ¿Cuáles serán los inventos más importantes de los próximos 20 años y por qué?
- ¿Por qué mucha gente teme al progreso científico?

Puedo hacer preguntas sobre distintos temas y responderlas

TAREA:

(1) Habla con tu compañero/-a. Puedes elegir tres series de preguntas (3a–c) y toma dos fichas.
(2) Responde a las preguntas de las fichas temáticas.
(3) Cambiad de rol después de cada pregunta preguntándole a tu compañero/-a: ¿…y tú?

MATERIAL/AYUDA

GLOBALIZACIÓN

- ¿Cuáles son las principales causas de la globalización?
- ¿Cuáles son las ventajas/desventajas de la globalización para cada individuo?
- Debido a la globalización, las empresas multinacionales y el gobierno actúan globalmente. ¿Qué responsabilidades globales surgen de este hecho?

DIVERSIDAD CULTURAL

- ¿Dónde hay diversidad cultural en tu ciudad natal?
- ¿Cómo sería tu ciudad natal sin diversidad cultural?
- ¿Por qué la diversidad cultural es importante para la sociedad?
- ¿Cuáles son los desafíos de una sociedad cultural diversa?

POLÍTICA

- ¿Por qué es importante votar en las elecciones?
- ¿Qué habría que hacer para que la gente joven tuviera más interés en la política?
- ¿De qué manera puedes comprometerte políticamente en tu ciudad?

MEDIO AMBIENTE

- ¿Qué medidas pueden tomar todos para proteger el medio ambiente?
- ¿Qué medidas puedes adoptar individualmente para proteger el medio ambiente?
- En tu opinión: ¿Qué tendría que cambiar en la política para detener efectivamente el cambio climático?

Nubes de palabras

Puedo presentar diferentes temas y debatir sobre esos temas

TAREA:

(1) Elige una de las nubes y presenta el tema en cuatro palabras.
(2) Presenta el tema a un interlocutor usando las cuatro palabras elegidas.
(3) Debate con tu compañero/-a sobre si esas palabras han sido las más adecuadas para la presentación del tema.

MATERIAL/AYUDA

publicidad
redes sociales
atención
cobertura informativa
periódico
radio
ciberanzuelo
Internet
televisión
md (mensaje directo)
viral
«feed»
Medios
voz
impresos
aldea global
compartir
noticias
revistas
periodismo
«hashtags»
«FoMO» (miedo de perderse algún acontecimiento)
en linea
«meme»
medios de comunicación de masas

consumo excesivo
cambio climático
deforestación
trabajo infantil
calentamiento global
pobreza
desarrollo económico
Asuntos globales
igualdad de sexo
pérdida de diversidad de especies
racismo
desigualdad
hambre mundial
contaminación
residuos nucleares
desarrollo sostenible
superpoblación

comprar una casa
ser feliz
amistad
angustia
estabilidad financiera
carrera
universidad
niños
trabajo
viaje
voluntariado
Planes para el futuro
amor
incertidumbre
familia
estilo de vida
salud
estudios en el extranjero
contratiempos
seguir la corriente
experiencias

Martin Bastkowski · Nikolas Grote · Mona Ramke · Hablemos Kl. 11–13

Puedo describir distintas profesiones

TAREA:

(1) Elige un trabajo de los que muestra la foto y describe el equipamiento y las capacidades necesarias para hacer ese trabajo, además de sus pros y sus contra, sin mencionar cuál es el trabajo. Tu interlocutor tendrá que adivinar de qué trabajo se trata.

(2) Juntos, pensad en más ventajas y desventajas de ese trabajo. ¿Qué otras capacidades son necesarias?

(3) Habla con tu compañero/-a: ¿Te gustaría hacer ese trabajo? Di tus razones.

MATERIAL/AYUDA

Martin Bastkowski · Nikolas Grote · Mona Ramke · Hablemos Kl. 11–13 · Foto/Grafik: stock.adobe.comFeodora

Puedo comentar diferentes citas

TAREA:

(1) Elige una de las citas y explica el significado a tu interlocutor. ¿Estáis de acuerdo con la cita? Di tus razones.

(2) Ahora cambiad de rol.

MATERIAL/AYUDA

Para empezar algo, hay que dejar de hablar y comenzar a hacer.
– Walt Disney

Si te fijas en lo que tienes en la vida, siempre tendrás más. Si te fijas en lo que no tienes, nunca tendrás suficiente.
– Oprah Winfrey

Debemos orientarnos hacia el futuro, tanto cuando el mundo cambia a nuestro alrededor como cuando cambia en nuestra contra, y lo que antes era viento a favor se transforma en viento en contra. Debemos aceptarlo y buscar una solución, porque quejarse no es una estrategia.
– Jeff Bezos

Por eso, en la política todos deben asegurarse de que no dependen de un solo grupo de interés. Un buen compromiso es aquel en el que todos contribuyen.
– Angela Merkel

Algunas mujeres eligen seguir a un hombre, y otras eligen seguir sus sueños. Si te preguntas cuál es tu camino, recuerda que tu carrera nunca te despertará para decirte que no te ama.
– Lady Gaga

Si asumes una posición neutral en situaciones de injusticia, eliges el lado del opresor.
– Desmond Tutu

Puedo planea[r] un viaje con mi compañero/-[a]

TAREA:

(1) Organiza un gran viaje de fin de semana con tu compañero/-a. Elegid un destino, actividades, medios de transporte y también las comidas. Aquí tenéis algunas ideas para empezar.

MATERIAL/AYUDA

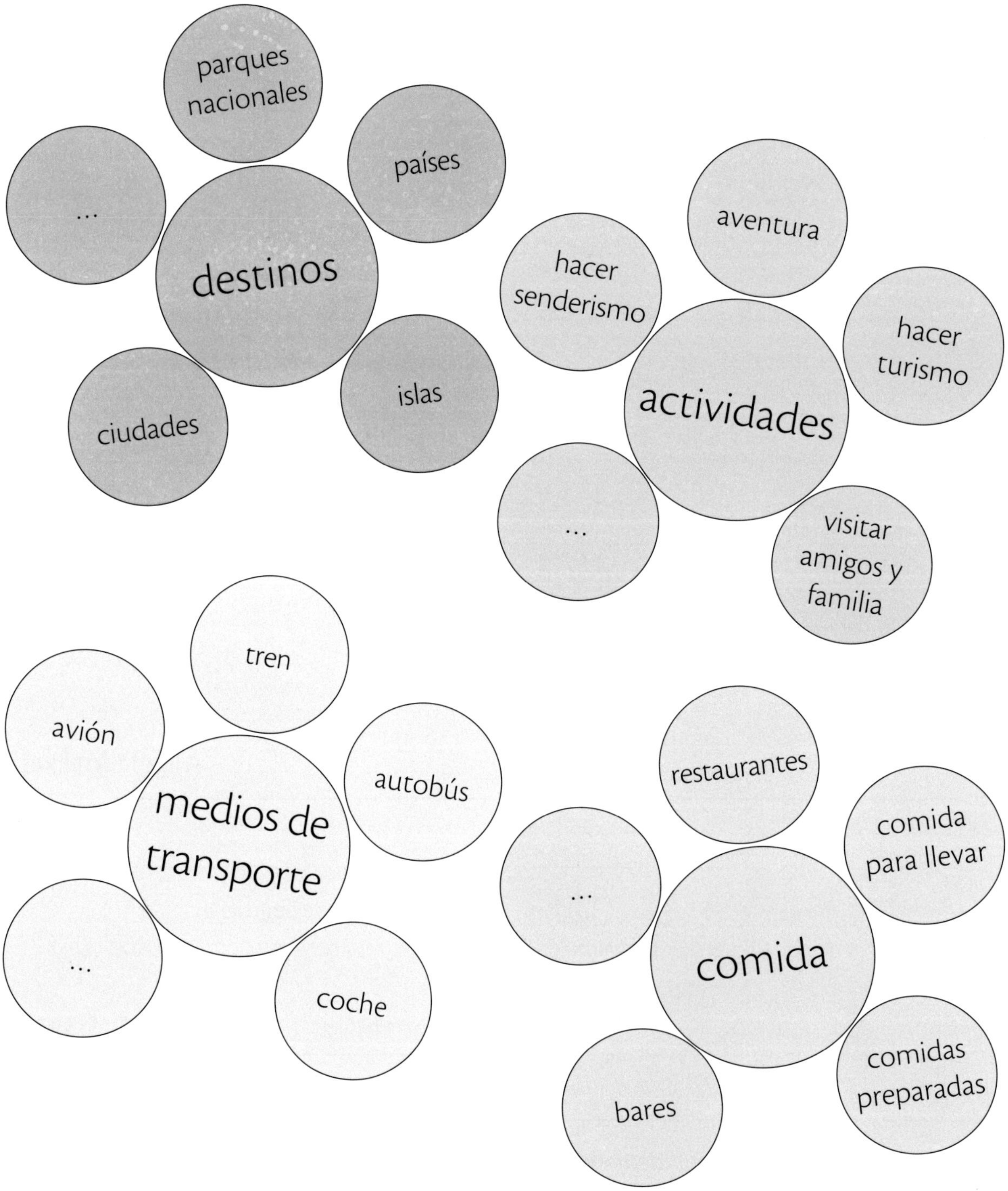

destinos
- parques nacionales
- países
- islas
- ciudades
- …

actividades
- aventura
- hacer turismo
- visitar amigos y familia
- …
- hacer senderismo

medios de transporte
- tren
- autobús
- coche
- …
- avión

comida
- restaurantes
- comida para llevar
- comidas preparadas
- bares
- …

Puedo contar y escuchar una historia

TAREA:

(1) El/la compañero/-a A cuenta una historia sobre su última actividad, viaje o fin de semana. La historia debe contener por lo menos 3 mentiras que no deben ser evidentes.

(2) El/la compañero/-a B escucha atentamente la historia e intenta adivinar cuáles son las mentiras. Tomar notas puede ayudarle a hacerlo.

(3) Hablad sobre las verdades y las mentiras.

(4) Intercambiad los roles: Ahora el/la compañero/-a B cuenta la historia y el/lacompañero/-a A debe descubrir las mentiras.

Cómo empezar la historia	
	El mes pasado descubrí que: …
	¿Puedes creerlo? El fin de semana pasado, yo: …
	Estas son seis cosas que no sabes acerca de mí: ...
	Todavía tiemblo cuando recuerdo el incidente: …
	Cuando entré a mi habitación, ocurrió algo extraño: …
	Hubo un tiempo en el que yo hacía locuras: ...
	Cada viernes por la noche, mi familia y yo hacemos algo especial: ...

Martin Bastkowski · Nikolas Grote · Mona Ramke · Hablemos Kl. 11–13 · Foto: Shutterstock.com/MichaelJayBerlin

Un grano no hace granero, pero ayuda al compañero

Puedo hablar acerca de cóm mejorar el mundo

TAREA:

(1) Describe a tu compañero/-a lo que sueles hacer durante la semana. Indica cómo intentas llevar una vida sostenible cada día.
(2) Hablad de cómo podéis mejorar la sostenibilidad en vuestra vida cotidiana.
(3) Intercambiad roles.

MATERIAL/AYUDA

comida

transporte

alternativas reutilizables

energía

reciclar

producción propia

donar

ropa

agua

Martin Bastkowski · Nikolas Grote · Mona Ramke · Hablemos Kl. 11–13 · Illustrationen: stock.adobe.com/Strezh

¿Puedes inventar una historia como ésta?

Puedo contar historias

TAREA:

(1) Mira estas fotos y elige una de ellas.

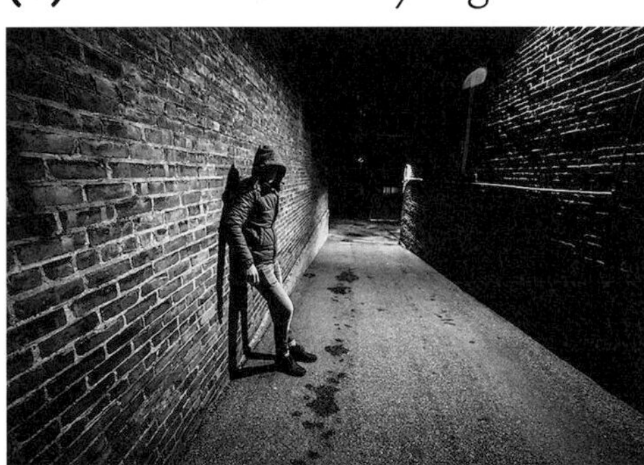

(2) Cuenta a tu compañero/-a una historia (de miedo, conmovedora, divertida, sorprendente, loca) a partir de la foto.

MATERIAL/AYUDA

Información básica:

- lugar/personajes/ambiente
- hazlo paso a paso: primero describe el entorno y después di lo que pasó

Cómo empezar:

- No hace mucho ...
- Todo empezó cuando ...
- No puedes imaginar lo que me pasó ...
- Deja que te cuente una historia increíble ...

Conectores

- de pronto, desafortunadamente, sorprendentemente, consecuentemente, como resultado

Cómo acabar:

- y este es el final de mi historia.
- y este es el final.

Martin Bastkowski · Nikolas Grote · Mona Ramke · Hablemos Kl. 11–13 · Fotos: l.o. Shutterstock/Nick Starichenko, r.o. Shutterstock/Andrey_Popov, l.u. shutterstock/Chris Briggs, r.u. Shutterstock/G-Stock-Studio

Mi nuevo/-a compañero/-a de clase

Puedo hacer preguntas y responderlas

TAREA:

(1) Imagina que hay un/una nuevo/-a estudiante en clase.
- Alumno/-a A: Hazle a tu compañero/-a algunas preguntas para conocerle (a él/ella) mejor. Usa los temas de los bocadillos.
- Alumno/-a B: Responde a las preguntas.

(2) Intercambiad roles.

MATERIAL/AYUDA

¿familia y orígenes?

¿estilo de vida sano?

¿trabajo de media jornada?

¿expectativas en clase?

¿planes después del nivel A?

¿mayores fortalezas?

¿activo en redes sociales?

¿últimos viajes?

¿la mejor fiesta en la que ha estado?

¿el dispositivo más caro que tienes?

¿miedo a?

una pregunta tuya

Martin Bastkowski · Nikolas Grote · Mona Ramke · Hablemos Kl. 11–13

Puedo asumir diferentes roles

TAREA:

(1) Trabajad en parejas. Escoged un par de fichas de roles. Repartid los roles A y B.
(2) Lee tu ficha e interpreta la escena.

MATERIAL/AYUDA

1A:	1B:
• Eres un/-a alumno/-a y has copiado el examen de biología porque no habías estudiado. Tu teléfono sonará pronto.	• Eres un padre y has hablado con el profe/la profe de biología de tu hijo/-a. Te ha contado que ha copiado el examen. Llama por teléfono a tu hijo/-a y háblale de las consecuencias.

2A:	2B:
• Eres policía. Hace dos días, un supermercado fue asaltado por la mañana. Varias cámaras grabaron a un adolescente. De pronto ves a ese adolescente por la calle. Deténlo/-la y pregúntale que hizo aquel día.	• Caminas alegremente hacia la escuela cuando te detiene un/-a policía.

3A:	3B:
• Tú y tu amigo/-a queríais comprar un regalo fenomenal para el cumpleaños de otro amigo. Habíais ahorrado mucho dinero, pero ya no lo podéis encontrar. Confiesa a tu amigo/-a qué ocurrió y encuentra una solución.	• Tu mejor amigo/a y tú ahorrasteis mucho dinero para un regalo de cumpleaños. Pero tu mejor amigo/a te ha confesado algo. Tendrás dificultades para aceptar lo que él/ella te cuenta.

4A:	4B:
• Has creado un nuevo perfil en una red social. Pero has decidido cargar una foto de un/-a amigo/-a más guapo/-a que tú. En breve recibirás una llamada telefónica.	• Te han contado que un/-a amigo/-a tuyo/-a ha cargado una foto tuya en una red social sin avisarte. Llámalo/-la y quéjate. Encuentra una solución.

Puedo argumentar

TAREA:

(1) Tus amigos y tú estáis organizando un viaje para las vacaciones de verano, pero no podéis poneros de acuerdo acerca de adónde ir. Elige uno de los destinos y encuentra argumentos por los que todos deberían ir a ese lugar.

(2) Presenta tus argumentos a tu compañero/-a A: intenta convencerlo de que ese es el mejor destino para viajar.

MATERIAL/AYUDA

- compras
- Atracciones históricas (p.ej. la puerta de Alcalá, la Plaza Mayor de Madrid)
- El parque del Retiro
- El museo del Prado
- ir de tapas
- …

MADRID

stock.adobe.com/bodo011

- El centro histórico
- La pirámide de Teotihuacán
- El volcán Popocatépetl
- hacer rafting en el río Los Pescados
- navegar en «trajineras» y escuchar mariachis
- asistir al Día de los Muertos
- …

CIUDAD DE MÉXICO

stock.adobe.com/Alberto Lama

- hacer el camino del Inca
- visitar los templos
- comprar artesanías
- tomar fotos de cóndores
- comer comidas exóticas
- …

CUZCO

stock.adobe.com/Can Yalcin/Can

- tomar sol en playas espectaculares
- bailar salsa en la calle
- escuchar música típica
- dar una vuelta en un coche antiguo
- …

LA HABANA

stock.adobe.com/2015 Jim O'Donnell/James

Puedo argumentar a favor y en contra

TAREA:

(1) ¡Por fin! Tu colegio fue aceptado en el programa «Colegios modernos para la nueva generación». Mira las ideas que tu escuela podría realizar.

(2) En parejas, argumentad a favor y en contra de las ideas (1a/b o 2a/b) y poneos de acuerdo acerca de cuál es la mejor.

MATERIAL/AYUDA

Shutterstock.com/Ljupco Smokovski

1a

Un programa propio de noticias de televisión para toda la región

Shutterstock.com/Rawpixel.com

1b

Plantar árboles en las calles de la vecindad

Shutterstock.com/Jacob Lund

2a

Dar clases privadas gratuitas a alumnos/-as jóvenes

Shutterstock.com/Tom Wang

2b

Invertir en nuevas tecnologías para proyectos científicos

Puedo presentarme

TAREA:

(1) Cuando maduras, tu forma de pensar se hace más definida. Reflexiona acerca de quién eres realmente ahora y de cuáles son tus principios. Prepara una presentación y utiliza la siguiente estructura/ los siguientes temas.

MATERIAL/AYUDA

Medio ambiente

- ¿preocupado/-a por el futuro?
- ¿haces algo para ayudar?
- ¿te importa?
- ¿ayudas activamente ?

Políticos

- ¿bajar la edad de voto?
- ¿te interesa personalmente o tienes ambiciones?
- ¿pros y contras de ser delegado/-a de clase?
- La política, ¿puede cambiar algo?

Privacidad

- ¿tu relación con las redes sociales?
- La privacidad, ¿es importante para ti?
- ¿usas las redes sociales?
- ¿qué información es pública y qué información es privada para ti?

Futuro

- ¿planes e ideas?
- ¿permanecer cerca de los padres o mudarse lejos de ellos?
- ¿familia o carrera?
- ¿ir a vivir al extranjero?

(2) Haced vuestras presentaciones en parejas.

Dar consejos

Puedo dar consejos

TAREA:

(1) ¡Felicitaciones! Tus compañeros/-as de clase os han elegido a ti y a tu amigo/-a como «encargados/-as del consultorio sentimental» de la clase y recibís muchos mensajes en los que vuestros compañeros os cuentan sus problemas.

(2) En parejas, leed tres de los problemas y dad consejos.

MATERIAL/AYUDA

Mi hermano menor es siempre el centro de atención. Desde que nació, mis padres ya no demuestran interés en mí. ¿Qué puedo hacer para cambiar esto?	Mis padres discuten continuamente. ¿Es culpa mía? ¿Qué puedo hacer para detener esto?	Mi mejor amigo/-a y sus padres tienen que mudarse. Me harán mucha falta. ¿Cómo podemos mantener viva nuestra amistad?
Después de las vacaciones iré a un nuevo colegio. Tengo miedo de no encontrar amigos. ¿Me podéis dar algún consejo?	Algunos de mis amigos quieren que yo fume, pero yo no quiero. ¿Cómo puedo decir que NO?	Dos de mis amigos siempre critican a otros a sus espaldas. Esto no me gusta, pero quiero a mis dos amigos. ¿Qué debo hacer?
No tengo suficiente dinero para comprarme ropa cara. En nuestra clase todos llevan ropa muy buena. ¿Cómo hago para estar a su nivel?	Mi novio/-a me ha dejado. Estoy muy triste y lloro mucho. No sé qué hacer. ¿Cómo puedo superarlo?	No sé qué voy a hacer después del colegio. Mis padres quieren que vaya a la Universidad, pero yo quiero trabajar como mecánico/-a. ¿Qué debo hacer?
Tengo miedo de quedarme solo/-a para siempre. Nunca tuve novio/-a y no quiero estar solo/-a cuando tenga 30 años.	Siempre peleo con mi novio/-a. Quisiera estar feliz con él/ella. ¿Cómo podemos solucionar nuestros problemas?	Mi novio/-a está de vacaciones. Tengo miedo de que me sea infiel. No quiero que me abandone. ¿Qué puedo hacer?

Martin Bastkowski · Nikolas Grote · Mona Ramke · Hablemos Kl. 11–13

Puedo habla
espontánea-
mente sobre
diferentes
temas

(1) Lee las instrucciones del juego en la página 32.

SALIDA

Habla acerca de tu app preferida en tu móvil.

Habla sobre cómo podrá ser la sociedad dentro de 50 años.

Habla de cómo te ves dentro de 10 años.

¡No metas la pata!

Habla sobre si la identidad individual puede cambiar y por qué.

¡No actúes así!

Habla de los pros y los contras de clonar.

¡Eso es pasarse de la raya!
apps

Habla sobre cómo el estilo de vida de tus padres influye en tus planes.

¡No actúes así!

Fin
¡Cuenta tus puntos!

Martin Bastkowski · Nikolas Grote · Mona Ramke · Hablemos Kl. 11–13

Habla de los choques culturales que hay en tu país.

¡No actúes así!

Habla de lo que debería pasar en el mundo para luchar juntos contra el cambio climático.

¡Eso es pasarse de la raya!
trabajo

¡No metas la pata!

Habla sobre un dispositivo técnico que tú encuentras útil pero otras personas no.

Habla de lo que significa para ti la libertad.

Habla sobre cómo reducir tu huella de carbono.

¡Eso es pasarse de la raya!
dispositivos técnicos

¡No metas la pata!

Habla acerca de los medios de transporte del futuro.

Habla sobre cómo puedes ser manipulado por los medios.

Martin Bastkowski · Nikolas Grote · Mona Ramke · Hablemos Kl. 11–13

Instrucciones del juego

1. Para 3–4 jugadores: Coloca tus fichas en el punto de partida y prepara las tarjetas de puntos como se muestra en el ejemplo.
2. Turnaos para lanzar una moneda. Avanzad una posición si sale «cara» y dos si sale «cruz».
3. Si caes en una «ficha parlante»: habla con el grupo sobre el tema durante 60 segundos. La persona a tu izquierda controla el tiempo y te da puntos: 2 = bien, 1 = ok y 0 = mal.
4. Si caes en una de las «ficha de acción»:
   a. *¡No actúes así!* = Elige un término específico de las nubes de palabras (4), las fichas de preguntas (2) o las fichas temáticas (3) y actúa. El compañero a tu derecha adivina el término, el de tu izquierda controla el tiempo (60 segundos) y te da puntos como en el ejercicio 3.
   b. *¡No metas la pata!* = Elige un término específico de las nubes de palabras (4), las fichas de preguntas (2) o las fichas temáticas (3) y descríbelo sin usar la palabra. Procede como en el ejercicio a.
   c. *¡Eso es pasarse de la raya!* = Elige un término específico del tema y haz un dibujo para que el/la compañero/-a a tu derecha pueda adivinarlo. El de tu izquierda controla el tiempo (60 segundos) y te da puntos como en el ejercicio 3.
5. El juego termina cuando el primer jugador llega al punto final. Gana el jugador con más puntos.

Tarjeta de puntos

Nombre: ____________

Puntos:

____

____

____

Total: ____________

1 Ángel y demonio

ERLÄUTERUNG

Mit *ángel y demonio* schulen die Lerner/-innen gezielt Diskursstrategien, indem sie von der Lehrkraft vorgegebene *afirmaciones* diskutieren. Dabei arbeiten die Lerner/-innen in Dreiergruppen und nehmen dafür spezifische Rollen ein: *ángel, demonio* sowie *mediador.* Die *ángeles* stimmen dabei *jeder afirmación* argumentativ zu, die *demonios* verneinen alles und die *mediadores* entscheiden am Ende der Diskussion, wer den „Kampf" gewonnen hat und die besten Argumente liefern konnte.

TIPPS und VARIATION

- In lernschwächeren Gruppen hat es sich als hilfreich erwiesen, die Gruppenbildung auf fünf Lerner/-innen auszuweiten (2 *ángeles* und 2 *demonios*), um mehr Sprachinitiierung zu generieren.
- Diese Aktivität eignet sich insbesondere für eine *Pre-Post*-Durchführung, d.h. die Lerner/-innen diskutieren über ein kontroverses Thema, bevor sie anderen einschlägigen Materialinput erhalten sowie im Anschluss daran. So wird deutlich, ob der *Input* bei den Lernenden neue Argumente und Haltungen hervorgebracht hat. Damit fungiert diese Aktivität z.B. als Hinführung/Einstieg zu einem Thema bzw. als Ausklang.
- Mögliche *afirmaciones*: *El alcohol debería ser ilegal / La tele es una de las principales fuentes de violencia en la sociedad actual / Las mujeres son mejores estudiantes que los hombres / El verano es la mejor estación del año / 21 años debería ser la edad legal para obtener la licencia de conducir en todo el mundo.*

2 Fichas de preguntas

ERLÄUTERUNG

Der Fokus dieser Aktivität liegt auf dem dialogischen Sprechen. Hierfür können die Schüler/-innen aus drei verschiedenen Versionen unterschiedliche Fragen wählen. Im dialogischen Gespräch werden dann jeweils die Fragen vorgelesen und anschließend vom Partner beantwortet. Damit jeweils abwechselnd Fragen gestellt und beantwortet werden, müssen nach jeder Frage die Rollen getauscht werden.

TIPPS und VARIATION

- Es sollte zu Beginn darauf hingewiesen werden, dass keine Ein-Wort-Antworten zugelassen sind. Es sollen möglichst vollständige Sätze verwendet werden.
- Geben Sie Ihren Schülern/Schülerinnen ein (Zeit-)Limit. So können diese besser einschätzen, in welcher Fülle sie antworten können/dürfen.
- Fragen Sie im Anschluss Ihre Lerngruppe, welche Fragen besonders spannend/interessant waren, und diskutieren Sie diese anschließend im Plenum.
- Um die Sprachproduktion zu steigern, muss jede gestellte Frage von beiden Partnern/Partnerinnen beantwortet werden. (*¿Qué piensas?* / *¿Qué opinión tienes acerca de esto?*)
- Bei jeder der drei Versionen (3a–c) gibt es drei Möglichkeiten, eigene Fragekarten zu erstellen. So ist es möglich, zu den jeweilig behandelten Themen spezifische Fragen zu stellen.

3 Fichas temáticas

ERLÄUTERUNG

Von den *fichas temáticas* (3a–c) wählen die Schüler/-innen zwei aus und stellen bzw. beantworten sich gegenseitig die Fragen. Hierbei ist zu beachten, dass jede/-r Schüler/-in alle Fragen der Boxen sowohl selbst an den/die Partner/-in stellen, als auch bei Rückfragen beantworten muss.

TIPPS und VARIATION

- Die verschiedenen *fichas temáticas* lassen sich sehr gut als Einstieg in den jeweiligen Themenbereich verwenden, da sie das Vorwissen sowie die jeweiligen Standpunkte der Schüler/-innen aktivieren bzw. abfragen.
- Um zu vermeiden, dass die Schüler/-innen bei der Partnersuche nur mit denselben Partnern/Partnerinnen kommunizieren, kann die Aufgabe alternativ durchgeführt werden in Form eines:
- *Círculo doble*: Es werden zwei Kreise gebildet. Nach jeder Frage einer *ficha temática* rotiert einer der beiden Kreise, damit die Lernenden zu einem neuen Partner gelangen.
- *Citas rápidas*: Ähnlich wie beim *círculo doble* werden hier zwei Reihen gebildet, von denen sich eine bewegt.

4 Nubes de palabras

ERLÄUTERUNG

Diese Aktivität legt den Fokus auf ein bestimmtes Themengebiet, welches mithilfe von vier Begriffen der jeweiligen *nube de palabras* einem Partner / einer Partnerin erklärt werden soll. Im Anschluss daran sollen die Schüler/-innen zu zweit darüber diskutieren, welche weiteren Begriffe auch – wenn nicht sogar besser – gepasst hätten, um das Themengebiet zu beleuchten.

TIPPS und VARIATION

- Bei dieser Aktivität ist es ratsam, den Lernenden die Möglichkeit zu geben, mit dem Smartphone die Bedeutung unbekannter Wörter zu finden, sodass sie ihre Wörter aus einer großen Auswahl auswählen können.
- Lassen Sie die Schüler/-innen nach mehrmaligem Durchführen dieser Aktivität auch eine eigene *nube de palabras* (z. B. Mentimeter, Wooclap) zum derzeitigen Unterrichtsthema erstellen. Dies schafft Abwechslung und aktiviert die einzelnen Lerner/-innen optimal im Unterrichtsgeschehen. Die Erstellung der *nubes de palabras* kann losgelöst von der eigentlichen Sprechaktivität und als Aktivierung von Vorwissen zum Einstieg in eine Unterrichtsreihe geschehen.
- Um eine höhere Sprachproduktion zu generieren, kann diese Aktivität arbeitsteilig umgesetzt werden. Hier würden zum Beispiel zwei Begriffe von einem/-r Schüler/-in in Verbindung mit dem Thema erläutert werden. Der/Die Partner/-in führt daraufhin die Themenerläuterung mit zwei weiteren Begriffen aus derselben *nube de palabras* fort.

5 Trabajo, trabajo, trabajo

ERLÄUTERUNG

Die Schüler/-innen wählen bei dieser Aktivität einen der Berufe aus dem Bild aus und erklären Vor- und Nachteile sowie Fertig-/Fähigkeiten und nützliches Equipment des Jobs, ohne den jeweiligen Namen des Berufs zu nennen. Der/Die Partner/-in soll mithilfe der Erklärung in der Lage sein, den beschriebenen Job zu erkennen, bevor im Anschluss über Ergänzungen zur Eingangserläuterung diskutiert wird. Anschließend sollen die Schüler/-innen klären, ob sie den jeweiligen Job gerne selbst ausführen würden.

TIPPS und VARIATION

- Um dezidiertere – wenn nicht sogar komplexere – Berufserläuterungen zu generieren, bietet es sich an, mit den Schüler/-innen zuvor den Unterschied
- zwischen den «capacidades» zu klären.
- Für mehr Abwechslung kann den Lernenden die Zusatzaufgabe gestellt werden, Berufe zu erklären, die sich nicht auf dem Bild befinden.

6 ¡Eso lo dije yo!

ERLÄUTERUNG

Bei dieser Aktivität setzen sich die Schüler/-innen mit verschiedenen Zitaten berühmter Persönlichkeiten auseinander, indem sie einem Partner / einer Partnerin zunächst deren Bedeutung erklären und im Anschluss gemeinsam diskutieren, ob und inwiefern sie sich selbst mit den Aussagen identifizieren können. Danach können die Rollen getauscht werden.

TIPPS und VARIATION

- In manchen Lerngruppen ist es ratsam, im Anschluss an die Aktivität auf interessante/komplexe Zitate zurückzukommen, um sicherzugehen, dass alle Lernenden ihren Inhalt verstanden haben.
- Um ein Stimmungsbild der Lerngruppe zu erhalten, kann die Anzahl der Zustimmungen zu Zitaten mithilfe von Magneten/Klebepunkten an der Tafel angezeigt werden bzw. alternativ als Meinungslinie im Klassenraum durch räumliche Positionierung (zwei Pole von *aprobar y no aprobar*). Daraufhin können Haltungen, die von der Allgemeinheit abweichen, im Plenum aufgegriffen werden. Hierbei ist ein gewisses Maß an Sensibilität gefragt, um Lernenden mit individuellen Meinungen nicht den Mut zu nehmen.

7 Un finde fantástico

ERLÄUTERUNG

Die Schüler/-innen sollen bei dieser Aktivität gemeinsam einen Wochenendausflug planen und Kompromissbereitschaft zeigen, indem sie sich auf Ziele, Transportmöglichkeiten, Aktivitäten und Essen einigen. Die Schüler/-innen sollten dabei eigene Ideen integrieren.

TIPPS und VARIATION

- Bei dieser Aktivität ist darauf zu achten, dass die Schüler/-innen nicht nur mit ihren Freunden/Freundinnen zusammenarbeiten, da ohnehin mehr oder weniger die gleichen Interessen bestehen und so keine Kompromisse eingegangen werden müssen.
- Es kann ratsam sein, einen der vier Aspekte vorzugeben. Dies bedeutet, dass beispielsweise der Ort mit seinen Sehenswürdigkeiten vorgegeben werden kann – z. B. in Anpassung an den Ort, an dem die im Unterricht behandelte Lektüre spielt.

8 Verdades y mentiras

ERLÄUTERUNG

Bei dieser Aktivität ist das Geschick der Schüler/-innen gefragt, Lügen glaubhaft in ihre Geschichte über den letzten Ausflug, die letzte Veranstaltung oder das vergangene Wochenende zu verpacken. Der/Die jeweilige Partner/-in muss aufmerksam zuhören und die Lügen entlarven. Daraufhin werden die Rollen ggf. getauscht.

TIPPS und VARIATION

- Bei dieser Übung sollte auf eine sinnvolle Gruppenzusammensetzung geachtet werden. Enge Freunde/Freundinnen wissen meist sehr gut um die Vorlieben und Interessen voneinander und können Lügen meist schnell erkennen.
- Diese Übung kann auch im Plenum durchgeführt werden, sodass alle Schüler/-innen an einer Geschichte und dem jeweiligen Ratespaß teilhaben können.

9 Un grano no hace granero, pero ayuda al compañero

ERLÄUTERUNG

Diese Sprechaktivität legt den inhaltlichen Fokus auf eine gewöhnliche Woche im Leben der Lernenden sowie deren möglicherweise nachhaltigen Lebensweisen. Nachdem eine gewöhnliche Woche beschrieben wurde, sollen von beiden Partnern/Partnerinnen Optimierungspotenziale in Hinsicht auf die Nachhaltigkeit diskutiert werden. Hierzu bilden die abgebildeten Kategorien ein inhaltliches «*andamiaje*».

TIPPS und VARIATION

- Bei dieser Sprechaktivität hat es sich als hilfreich erwiesen, einzelne, besondere Gewohnheiten zur Nachhaltigkeit im Plenum zu thematisieren. So kann den Lernenden bewusst gemacht werden, wie einfach es sein kann, seine eigene Lebensweise nachhaltiger zu gestalten.

10 ¿Puedes inventar una historia como ésta?

ERLÄUTERUNG

Das spontane Erzählen von Geschichten stellt aufgrund der inhaltlich-sprachlichen Komplexität eine der größten Herausforderungen im Spanischunterricht dar. Mit dieser Aktivität schulen die Lerner/-innen die Kompetenz *contar una historia* mit Hilfe von verschiedenen wählbaren Bildern.

TIPPS und VARIATION

- Je nach Lernniveau kann auf eine spontane Umsetzung verzichtet werden und die Lerner/-innen erhalten eine 5-minütige Vorbereitungszeit.
- Statt einer realistischen Erzählweise nutzen die Lerner/-innen bewusst eine *historia fantástica* und bauen imaginäre Elemente ein.
- *Conversación en dúo*: Die Lerner/-innen in der Partnerarbeit wechseln sich nach jedem Satz alternierend ab. Dadurch entsteht eine höhere Dynamik sowie Komplexität bei der *narración*.

11 Mi nuevo/-a compañero/-a de clase

ERLÄUTERUNG

Mi nuevo/-a compañero/-a de clase soll insbesondere das Stellen und Beantworten von Fragen schulen. Dabei erhalten die Lerner/-innen verschiedene Schlagwörter, die benutzt werden können.

TIPPS und VARIATION

- Zielsetzung dieser Aktivität ist ein besseres Kennenlernen der eigenen Mitschüler/-innen. Dies gilt als eine Grundvoraussetzung für einen Unterricht mit positiv besetzter Lern- und Arbeitsatmosphäre. In diesem Zuge kann zusätzlich eine *ronda de cumplidos* durchgeführt werden: Die Lerngruppe wird beauftragt, beim nächsten Durchgang ein Kompliment über eine Charaktereigenschaft des jeweiligen Nachbarn zu verbalisieren. Nacheinander machen die Lerner/-innen dem jeweiligen Sitznachbarn ein Kompliment.

12 Fichas de rol

ERLÄUTERUNG

Anhand verschiedener Szenarien und Rollenkarten trainieren die Lerner/-innen das dialogische Sprechen. Dabei agieren sie wie auf der Rollenkarte dargestellt und finden je nach Situation einen Kompromiss bzw. eine Lösung.

TIPPS und VARIATION

- Bei den szenischen Darstellungen kann bewusst eine übertriebene emotionale Vorstellung gezeigt werden, z. B. besonders wütend, desinteressiert.

13 ¡Convénceme!

ERLÄUTERUNG

Diese Aktivität trainiert die Präsentationskompetenz, also ein vorbereitetes monologisches Sprechen. Die Lerner/-innen wählen dafür einen Ort ihrer Wahl, wohin sie gerne eine Reise machen möchten (Madrid, Ciudad de México, Cuzco, La Habana). Die Präsentation muss jedoch so gestaltet werden, dass der gewählte Ort so positiv wie möglich dargestellt wird (*¡Convénceme!*).

TIPPS und VARIATION

- Um den Wettbewerbscharakter zu erhöhen, kann *¡Convénceme!* auch in Vierergruppen durchgeführt werden und jede/-r Lernende erhält eine der vier Städte. Nach den Präsentationen hat jedes Gruppenmitglied eine Stimme und wählt den Ort aus, dessen Präsentation am meisten überzeugen konnte. Es darf jedoch nicht für die eigene Präsentation abgestimmt werden.

14 Nuevos proyectos en el cole

ERLÄUTERUNG

Mit dieser Sprechübung diskutieren die Lerner/-innen in Partnerarbeit die Vor- und Nachteile verschiedener Schulprojekte und einigen sich final auf eine Umsetzung.

TIPPS und VARIATION

- Nach der Diskussion kann eine Abstimmung erfolgen, um die Gesamtentscheidung innerhalb der Lerngruppe einzusehen.
- Die Lehrkraft kann auch eine eigene Idee für ein Projekt vorgeben bzw. die Lerner/-innen in *grupos de proyectos* ein eigenes Schulprojekt entwickeln lassen. Hier ist es sinnvoll, ein Thema vorzugeben, z. B. *cómo hacer que nuestro colegio sea más ecológico, cómo apoyar a los estudiantes menos avanzados, cómo involucrar a los vecinos e instituciones en nuestro colegio, etc.*

15 ¡Así soy yo!

ERLÄUTERUNG

Diese Aktivität verlangt eine hohe Reflexionskompetenz von den Lernenden, sich selbst anhand von vier vorgegebenen Themen einzuschätzen: *medio ambiente, política, privacidad, y futuro*. Nach einer kurzen Vorbereitungszeit wird die eigene Haltung zu den vier Themen in Form einer Präsentation einem Partner / einer Partnerin vorgestellt.

TIPPS und VARIATION

- Alternativ kann in Vierergruppen eine *tarea repartida* durchgeführt werden. Hier wählen die Gruppenmitglieder eines der vier Themen aus und berichten nur darüber innerhalb ihrer Gruppe.

16 Dar consejos

ERLÄUTERUNG

Bei *dar consejos* übernehmen die Lerner/-innen die Rolle einer „Kummertante" und geben Ratschläge für verschiedene Szenarien. Dabei tauschen sie sich über Ideen und Möglichkeiten aus, wie die vorgegebenen Situationen positiv enden könnten.

TIPPS und VARIATION

- Das Geben eines Ratschlages kann auch in Form einer szenischen Darstellung durchgeführt werden, wobei Partner/-in A das Problem schildert und Partner/-in B Ratschläge anbietet.

17 ¡Preparados, listos, ya!

ERLÄUTERUNG

Bei dieser Aktivität trainieren die Schüler/-innen in Dreier- oder Vierergruppen ihre Sprechkompetenz anhand eines vorgegebenen Spiels. Auf dem Spielbrett befinden sich variierende Aufgabenstellungen – vom Beantworten von Fragen über Pantomime hin zum Beschreiben und Zeichnen von *elementos léxicos*. Für jede Aktion können die Lerner/-innen Punkte erreichen. Am Ende gewinnt die Person, die die meisten Punkte mit ihren Aktionen erzielt hat.

TIPPS und VARIATION

- Sollte mehr Zeit zur Verfügung stehen, können die Lerner/-innen vorher eigene Fragekärtchen entwerfen und diese während des Spiels nutzen.